表現力の
きほんの「き」

書写はおもしろい

上平泰雅 監修 （書道家）

大月書店

はじめに

楽器を上手に演奏したり、絵を描いたり、きれいな文字を書いたりするためには特別な「表現力」が必要で、自分にはできなくてもしかたない……なんて思っていませんか？
　自分が見たもの、感じたことを「表現」するのに、特別な能力は必要ありません。きほんをしっかりおさえていれば、だれにだって自由に表現する力はあるのです！

　「きほん」の部分はかんたんそうに見えますが、とても大事なことがつまっています。だから、きほんがしっかり身についていると、その先にあるいろいろな表現が自由にできるようになるのです。

　きほんの中でも本当のきほん、"きほんの「き」"を解説するのが本シリーズの目的です。本の内容に合わせた動画を見て、より理解を深めましょう。

　この巻では、書写をとりあげます。
　楽しく、きれいな字を書くためのきほんとして、道具の使いかたから、きほんの画の書きかた、文字のバランスのとりかた、名前の書きかたなど、ていねいに説明しています。
　これから習う人も、思うように書けなくてなやんでいる人も、きほんの「き」を身につけて、表現力のはばを広げ、思うように書を書く楽しさを見つけてください。

もくじ

表現力のきほんの「き」
書写はおもしろい

はじめに　2

- 書写ってなんだ？ ……………………………… 4
- 道具について知ろう …………………………… 6
- 筆の持ちかた・かまえかた …………………… 10
- 書くときの姿勢 ………………………………… 12
- 筆になれよう …………………………………… 14
- 書きかたのきほん❶ 横画 ……………………… 16
- 書きかたのきほん❷ たて画 …………………… 18
- 書きかたのきほん❸ 折れ ……………………… 20
- 書きかたのきほん❹ 左はらい・右はらい …… 22
- 書きかたのきほん❺ はね・点 ………………… 24
- 書きかたのきほん❻ 曲がり・そり・右上はらい … 26
- 名前を書こう …………………………………… 28
- 漢字の形を知ろう ……………………………… 30
- 半紙の中でバランスをとる …………………… 32
- お手本をよく見よう …………………………… 34
- 作品を書いてみよう …………………………… 36
- いろいろな書道の世界 ………………………… 38

©Taiga Uehira

書写ってなんだ？

🖌 活字と書き文字のちがい

ふだん、わたしたちが読むものは「活字」で印刷されています。同じ形、同じ大きさでそろっていて、読みやすいという特徴があります。

一方、手書きの文字は、大きくしたり小さくしたり自由に書けるほか、書く人によって字がちがい、「個性」や「書いたときの感情」を感じられるよさがあります。

活字
これは私が小さいときに村の茂平というおじいさんからきいたお話です

書き文字
これは私が小さいときに村の茂平というおじいさんからきいたお話です

えんぴつ　青空
筆　継続
ペン　you

🖌 いろいろな書く道具

文字を書く一番身近な道具といえば、えんぴつでしょう。ほかにもボールペンやサインペン、クレヨンや蛍光ペンなどいろいろなものがあり、それぞれに字の印象もことなります。

日本でずっと昔から使われてきた書く道具といえば「筆」です。ふだんの生活で使う機会は少ないですが、賞状や年賀状など、今でも目にする機会は多くあります。

書写と書道

筆を使って文字を書くことを、小学校や中学校では「書写」といいます。書写では、文字を正しく、読みやすく書く方法や知識を学びます。お手本をきれいに書き写すので、「書写」といいます。

よく似たことばに「書道」がありますが、書道は、ただきれいに書くだけではなく、文字（書）を書くという芸術（道）をきわめるという意味があります。

書写 = きれいに書き写す

書道 = 書の道をきわめる

いろいろな「書体」

文字の形は時代によって変化していて、古い順に篆書、隷書、草書、行書、楷書という５つの書きかたがあります。小学校で習う筆文字は、「楷書」といいます。

今から3000年以上も前に使われていた篆書、それを省略する形で発展した隷書、隷書を速く書くために書きかたをくずした草書と行書、そして現代の文字にもっとも近く、とめ・はね・はらいなど一画一画がはっきり書かれているのが楷書です。

楷書	行書	草書	隷書	篆書
書道	書道	書道	書道	書道

道具について知ろう

きほんの道具は「文房四宝」

「書」を始めるために必ずいる道具は、筆、紙、すずり、墨の4つで、あわせて「文房四宝」といわれています。

かけひも
かわかすときに引っかけるのに使う

大筆（太筆）

尾骨
じくの上のはし。色や素材を変えてポイントにする

◆ **筆**

半紙に4〜6文字を書く場合、「ほ」の長さが4〜5cmで、じくの太さが1cmくらいの大筆と、「ほ」の長さが2.5cmくらいで、じくの太さが7mmくらいの小筆がよく使われます。書写では、大筆で文字を書き、小筆で名前を書きます。

昔の中国では字を書いたり本を読んだりする部屋を「文房」とよんでいて、「文房具」という言葉の元にもなっているよ！

じく（筆管）
手で持つ部分

小筆

ほ先
「ほ」の中でも先のほうのとがった部分

腰
腹

命毛
ほ先の一番長い毛。もっとも大切な部分

ほ
墨をつける部分

竹の筒や木をじくとして、その先に動物の毛をつけます。ウマ、ヤギ、イタチ、タヌキなどの毛が使われ、動物の種類や体のどこの毛かなどによって、やわらかさや色がことなります。

◆墨（墨液、墨汁）

松やにや菜種油などを燃やしてできる「すす」を、「にかわ」※と合わせてよくこね、型に入れて固めたもの。すずりに水を入れ、すって液体の墨をつくります。学校では、最初から液体になっている「墨液（墨汁）」を使うことが多いです。

※動物の皮や骨などを煮つめてつくられ、昔から接着剤として利用されてきました。

◆すずり

水をたらして墨をするための道具ですが、学校では墨液を入れて使うことが多いです。本来は石でつくられますが、今は軽くて割れないプラスチック製やセラミック製がよく使われます。

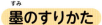

墨のすりかた

陸の部分に少し水を入れ、円をえがくようにまるく、あるいは前後に動かします。

字を書く前に墨をすることで、心を落ち着ける役割もあるんだって

固形の墨は、すずりですって書けるようになるまでに時間がかかりますが、自分でこさを調整できます。墨液や墨汁は最初から液体になっているので、すぐに字が書けるというメリットがあります。墨液を墨でする必要はありませんが、心の準備を整える目的で、すってみるのもいいでしょう。

◆紙（半紙）

墨がにじみやすいように書道用につくられたうすい紙で、大きさはたて33cm、横24cmぐらいです。片面はツルツル、もう片面はザラザラしていて、ツルツルのほうを表にして文字を書きます。

書道の紙は、全紙、それをたて半分に切った半切、全紙の8分の1の八つ切りがよく使われます。半紙は、昔から使われる「杉原紙」という和紙の基本のサイズを半分に切ったので「半紙」というようになったとされます

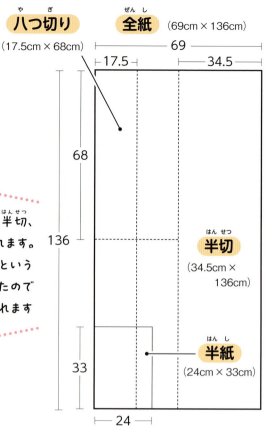

八つ切り（17.5cm×68cm）
全紙（69cm×136cm）
半切（34.5cm×136cm）
半紙（24cm×33cm）

※紙のサイズは商品によってことなるものもあります。

◆そのほかの道具

ぶんちん
紙が動かないようにおさえるためのもの。短いもの2本の場合は、紙の右はしと左はしに「ハ」の字の形になるように置きます。長い1本の場合は、紙の上のはしに合わせてまっすぐに置きます。

下じき
半紙の下にしいて、墨でつくえをよごさないようにします。線が入ったものよりはないもののほうが、文字のバランスをとりやすい場合もあります。

スポイト
すずりに水を入れるために使います。残った墨汁をすいとって、容器にもどすものではありません。

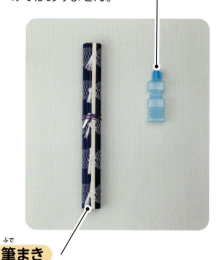

筆まき
筆を持ち歩くときに必要です。広げた上に筆を置いて、はしからクルクルとまきます。

使い終わったら……

◆大筆（太筆）

失敗した半紙や新聞紙などで墨をよくふきとったら、水の中に「ほ」をつけてやさしくふりながら洗います。根元のほうまでしっかりと墨を落とします。最後にほ先をきれいに整えながら水けを切ります。

◆小筆

上のほうがほぐれてしまわないように、小筆は水で洗いません。ぬらした半紙などで墨をふきとり、ほ先を整えます。

筆はつるしてかわかして、かわいたら筆まきにまいておくよ

◆すずり

残った墨を半紙や新聞紙などでふきとったあと、水洗いして、しっかりかわかします。

正しく片づけると、道具が長もちします。道具の状態がよいと、字も上手に書けますよ！

筆の持ちかた・かまえかた

書きやすい持ちかたを選ぶ

おもな筆の持ちかたには、指が1本だけ前に出る「一本がけ（単鉤法）」と、指が2本前に出る「二本がけ（双鉤法）」があります。どちらが正しいというわけではないので、自分が持ちやすいほうを選びましょう。

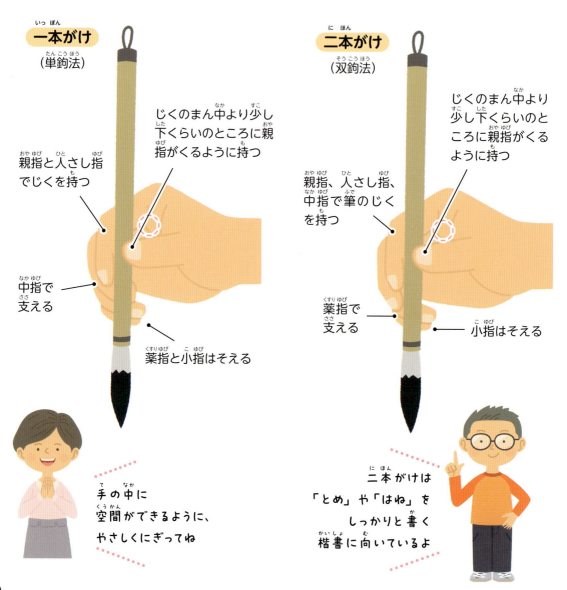

一本がけ（単鉤法）
- じくのまん中より少し下くらいのところに親指がくるように持つ
- 親指と人さし指でじくを持つ
- 中指で支える
- 薬指と小指はそえる

手の中に空間ができるように、やさしくにぎってね

二本がけ（双鉤法）
- じくのまん中より少し下くらいのところに親指がくるように持つ
- 親指、人さし指、中指で筆のじくを持つ
- 薬指で支える
- 小指はそえる

二本がけは「とめ」や「はね」をしっかりと書く楷書に向いているよ

✏️ ひじをうかせて、うでを自由に動かす

懸腕法（けんわんほう）

筆で文字を書くときは、ひじをうかせて、つくえにつかないようにしましょう。そのほうがうでごと自由に動かせるので、筆の動きをコントロールしやすくなるからです。

枕腕法（ちんわんほう）

> 筆で書くとき、ひじをうかせる「懸腕法」に対して、手などの上にひじをつけて書く「枕腕法」という書きかたもあります。行書や草書（→ 5 ページ）を書くのに向いているかまえかたです。

✏️ じくはまっすぐに立てる

えんぴつは、紙に対してななめにあて、ひじもつくえにつけますが、筆はまっすぐ立てるように持ちます。

> 筆を立てると、きれいな線が書きやすいです。筆を立てて書く練習をしっかりとしましょう！

○

× じくがかたむいている

× 力を入れすぎている

▶ 動画で見てみよう！❶
筆の持ちかた・かまえかた

書くときの姿勢

 姿勢がよいと、字もきれい！

◆ 正面から見ると

紙全体を見わたせるよう、紙の正面にすわる。

◆ 正座して書く場合

つくえの高さがおへその位置と同じくらいになるように、ざぶとんなどをしいて調節する。

筆はまっすぐ持つ

ぴったりそろえず、少しはなす

つくえとおなかはこぶし1つ分あける

背すじをまっすぐのばす

ひざとひざのあいだは少しはなす

きほん的なことは、いすにすわって書くときと同じです

道具の置きかた

体の正面に半紙を置き、左側にお手本、右側に筆やすずりなどを置きます。左ききの人の場合は、左右を反対にしてください。

お手本(教科書)　ぶんちん　墨液　墨　すずり　筆　下じき　半紙

▶動画で見てみよう！❷
きほんの姿勢

筆になれよう

ほ先をほぐす

筆の「ほ」はのりで固められているので、最初に使うときにほぐす必要があります。親指と人さし指を使って、大筆（太筆）は半分よりも多く、小筆は3分の1ほどをほぐします。

大筆
じくを回しながら、ほ先のほうから少しずつほぐしていく。

小筆
先をほぐしすぎないように気をつける。

筆に墨をつける

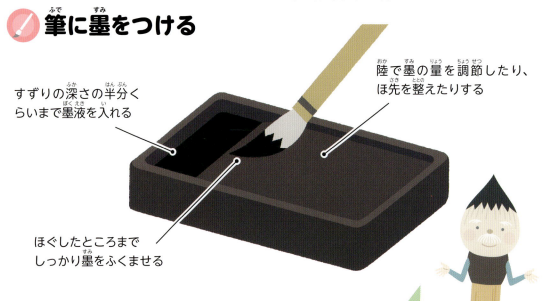

- すずりの深さの半分くらいまで墨液を入れる
- ほぐしたところまでしっかり墨をふくませる
- 陸で墨の量を調節したり、ほ先を整えたりする

「ほ」をほぐした部分が、墨をふくませる目安です。大筆は半分より少し上まで、小筆は半分より下になります。まずは墨がたれるくらいたっぷりとふくませてから、「陸」で余分な墨を落とすようにすると、「ほ」の毛がしっかりまとまってきれいに書けます。

> 墨をつけすぎていると文字がにじみ、墨を切りすぎると文字のとちゅうでかすれてしまいます。筆を立てて持ち上げたとき、ギリギリ墨が落ちてこない程度が理想です

🖌 自由に書いてみよう

まずは、筆と墨でどんな線が書けるのか、ためしてみましょう。墨をつける量や力の入れかたで、どのように変わるでしょうか。

まずは筆になれること！
「同じように書こう」と思わず、自由に書こうね♪

どの方向に書くときも、ほ先がどこを向いているのかを意識して書きましょう

書きかたのきほん①
横画

 筆の動かしかたのきほんをおぼえよう

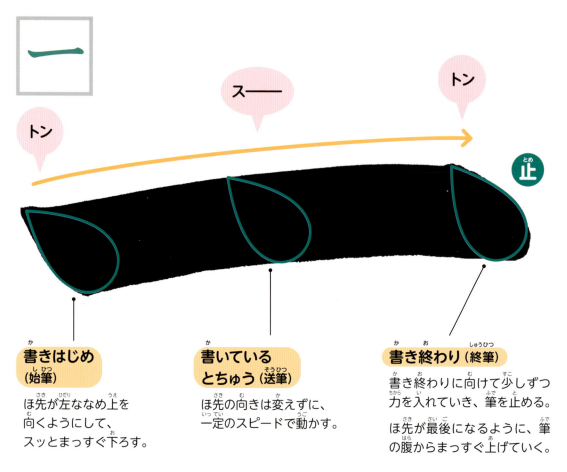

書きはじめ（始筆）
ほ先が左ななめ上を向くようにして、スッとまっすぐ下ろす。

書いているとちゅう（送筆）
ほ先の向きは変えずに、一定のスピードで動かす。

書き終わり（終筆）
書き終わりに向けて少しずつ力を入れていき、筆を止める。ほ先が最後になるように、筆の腹からまっすぐ上げていく。

最初から最後までほ先はずっと同じで、左ななめ上を向いているよ！

手首を動かして書こうとすると、ほ先の向きが変わってしまいます。最初の「トン」の形のままひじから動かすと、まっすぐ安定した線が書けます

こんなふうになるときは……

ほ先をま横に向けて書くと、線が太くならず、最後もきれいに止まりません。

力の入りかたや、筆を動かすスピードが一定でない場合、線の太さが一定にならなかったり、グラグラゆれたりします。

どちらもほ先をななめ上に向け「トン、スー、トン」という筆づかいのリズムをおぼえると解消されます。

◆もっと書いてみよう

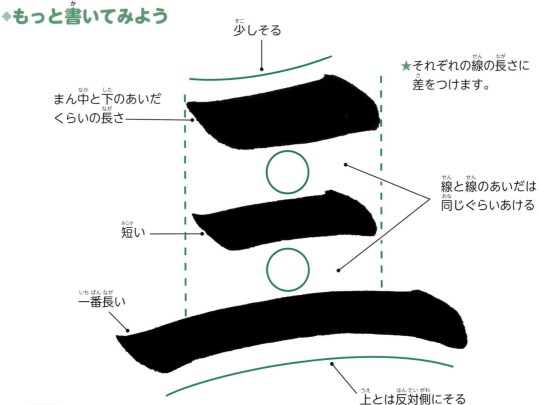

少しそる

★それぞれの線の長さに差をつけます。

まん中と下のあいだくらいの長さ

線と線のあいだは同じぐらいあける

短い

一番長い

上とは反対側にそる

それぞれの横画の長さと形がどうちがうか、お手本をしっかり見て書こう！

▶ 動画で見てみよう！③
書きかたのきほん①
横画

書きかたのきほん❷
たて画

 きほんは横画と同じで、たてに書く

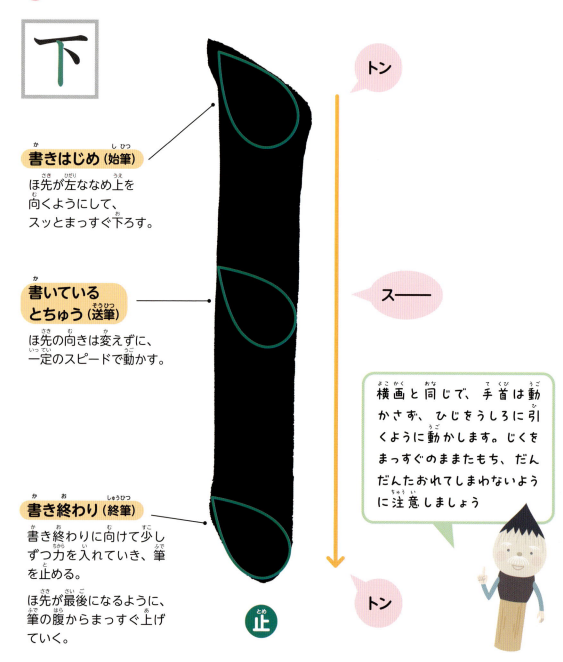

書きはじめ（始筆）
ほ先が左ななめ上を向くようにして、スッとまっすぐ下ろす。

書いているとちゅう（送筆）
ほ先の向きは変えずに、一定のスピードで動かす。

書き終わり（終筆）
書き終わりに向けて少しずつ力を入れていき、筆を止める。
ほ先が最後になるように、筆の腹からまっすぐ上げていく。

トン

スーー

トン

止

横画と同じで、手首は動かさず、ひじをうしろに引くように動かします。じくをまっすぐのままたもち、だんだんたおれてしまわないように注意しましょう

✏️ こんなふうになるときは……

つける墨の量が足りてないかもしれません。たっぷりふくませてから、墨を切りすぎないように気をつけましょう。

手首だけで上から下へと動かしてしまうと、一定の太さになりません。ほ先の向きは変えず、うでごと動かしましょう。

◆もっと書いてみよう

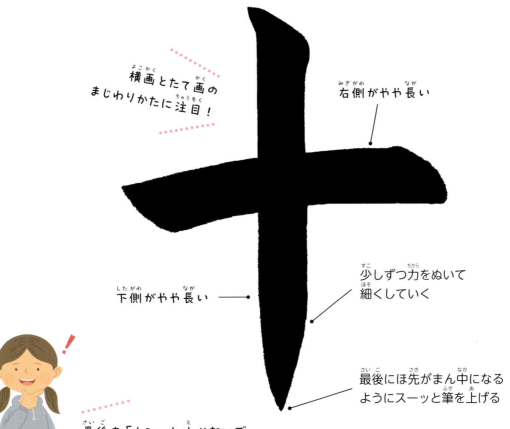

横画とたて画のまじわりかたに注目!

右側がやや長い

少しずつ力をぬいて細くしていく

下側がやや長い

最後にほ先がまん中になるようにスーッと筆を上げる

最後を「トン」と止めないで、はらって終わるたて画もあるんだね!

▶動画で見てみよう!④
書きかたのきほん②
たて画

書きかたのきほん❸
折れ

✏️ **きほんは横画＋たて画**

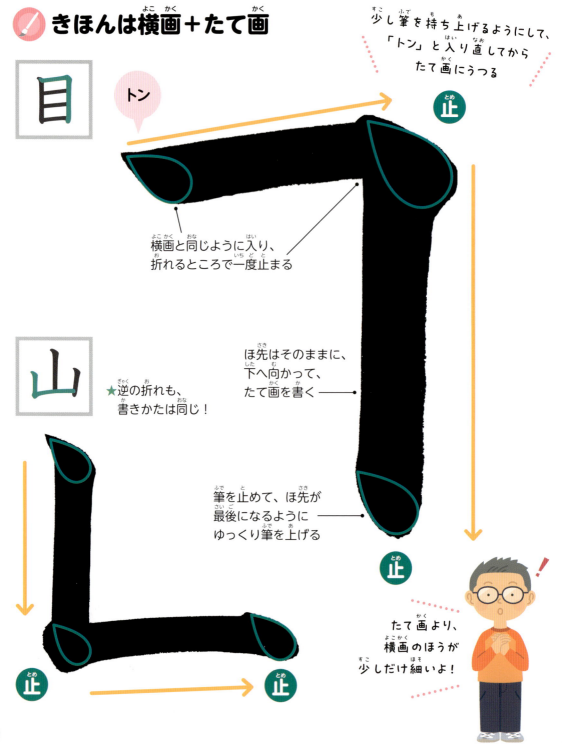

✏ こんなふうになるときは……

止まらずに、そのまま筆を回して曲がると、角ができません。ほ先の向きに注意をして、しっかりと止まって、角をつくりましょう。

横画を書いて、いったん筆を紙からはなしてしまってからたて画を書こうとすると、きれいな角ができません。筆を止めて入り直しますが、ほ先は紙からはなれないようにしましょう。

◆ もっと書いてみよう

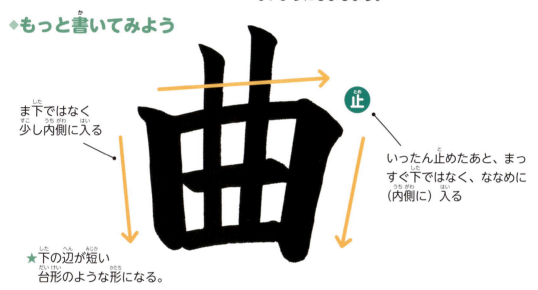

- ま下ではなく少し内側に入る
- 止 いったん止めたあと、まっすぐ下ではなく、ななめに（内側に）入る
- ★下の辺が短い台形のような形になる。

曲がりかたはちがっても、ほ先の角度はつねに左ななめ上にたもつのがポイントです

- ほ先をななめ上に向けたまま、左下へ進む
- いったん止める 止
- ほ先の向きはそのまま、右下へ進む
- 止

▶ 動画で見てみよう！❺
書きかたのきほん③
折れ

21

書きかたのきほん❹
左はらい・右はらい

🖌 **左はらいは、だんだん力を弱める**

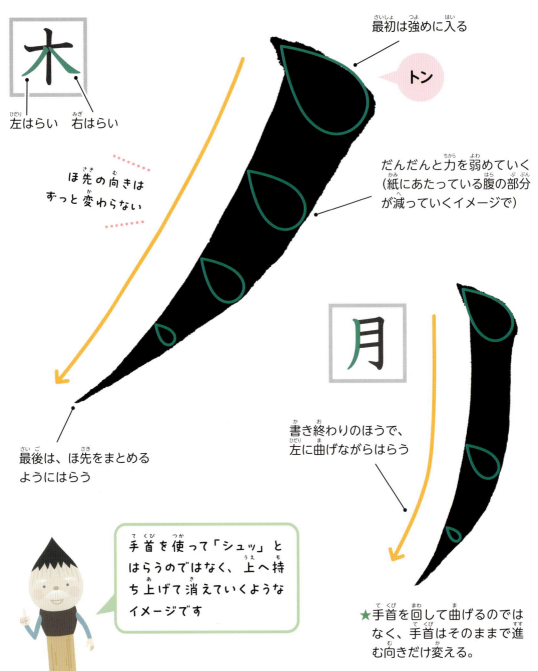

右はらいは、だんだん力を入れる

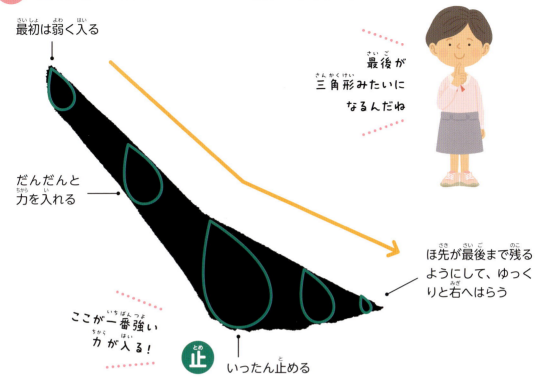

こんなふうになるときは……

左はらい

うまく力がぬけないと、細くなりません。最初を「5」の力としたら、進むにしたがって「4」の力、「3」の力……と数字でイメージしてみましょう。最後は「0」になって消えます。

ほ先が寝てしまうと「ほ」のまとまりがなくなり、割れてしまいます。向きを変えず、墨もしっかりつけて、「ほ」のまとまりをたもちましょう。

右はらい

だんだん太くしないままむりやり曲げたり、ほ先を残さずに腹で終わったりすると、きれいな三角ができません。

▶ 動画で見てみよう！❻
書きかたのきほん④
左はらい・右はらい

23

書きかたのきほん⑤
はね・点

🖌 「はね」はいったん止めてからはねる

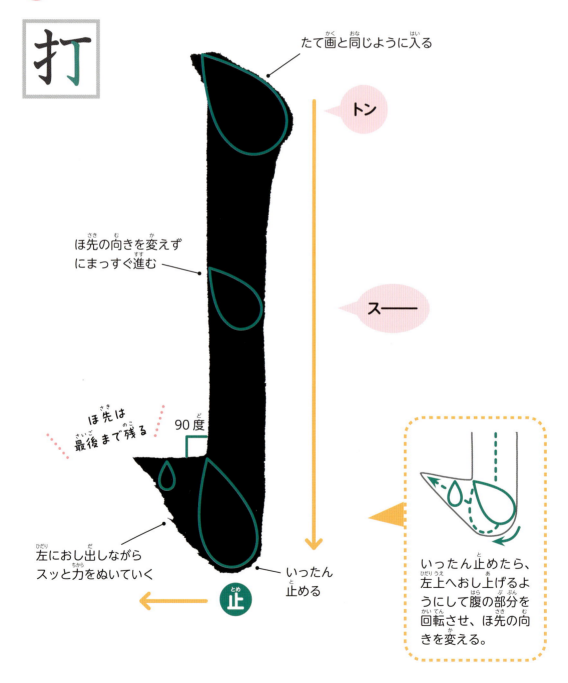

🖌 点にもはじめと終わりがある

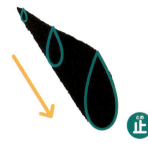

弱く入り、ほ先の向きはそのままで、力をくわえながら右下へ進み、ほ先を小さくまとめてぬく。

弱く入り、力をくわえながら左下へ進み、「トン」としっかり止めてからぬく。

「トン」としっかり入り、そのまま下へ少し進み、ほ先を小さくまとめてぬく。

点はトンと「打つ」んじゃなくて、ちゃんと「書く」ものなんだね

🖌 こんなふうになるときは……

しっかり止めずに、勢いよく「はね」を書こうとすると、はねが長く上に上がってしまいます。短い部分ですが、ゆっくり力をぬきましょう。

手首を返して「はね」を書こうとすると、細く、短くなってしまいます。手首は固定したまま、筆を左へおし出すイメージで書きましょう。

▶ 動画で見てみよう！ ❼
書きかたのきほん⑤
はね・点

書きかたのきほん❻
曲がり・そり・右上はらい

🖌 2回の「曲がり」を書き分けよう

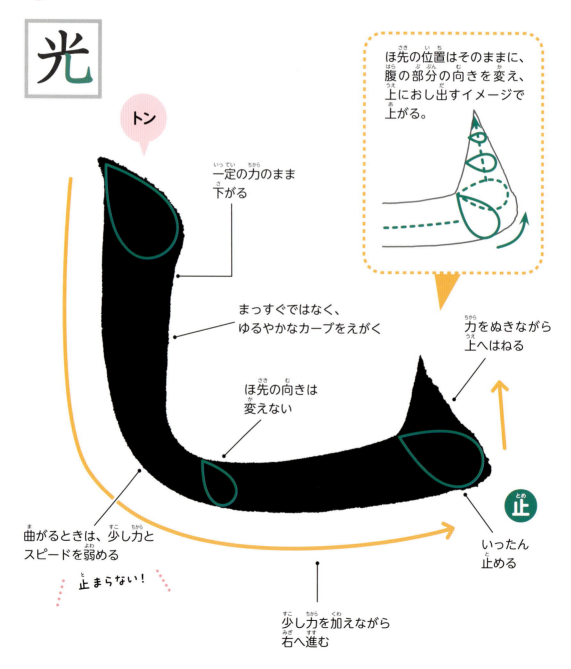

「そり」は少しずつ力を加えながらカーブする

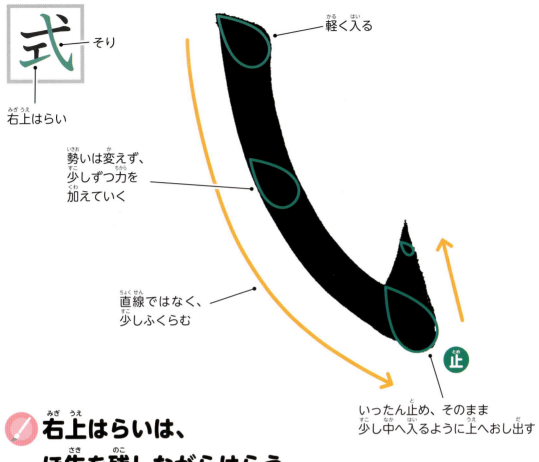

右上はらいは、ほ先を残しながらはらう

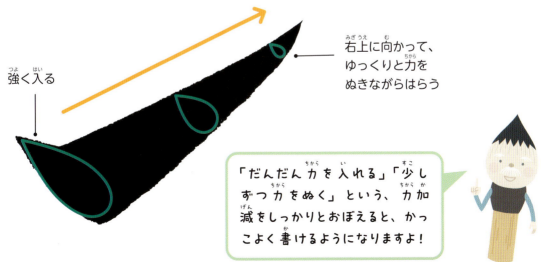

「だんだん力を入れる」「少しずつ力をぬく」という、力加減をしっかりとおぼえると、かっこよく書けるようになりますよ！

▶動画で見てみよう！⑧
書きかたのきほん⑥
曲がり・そり・右上はらい

名前を書こう

小筆の持ちかた

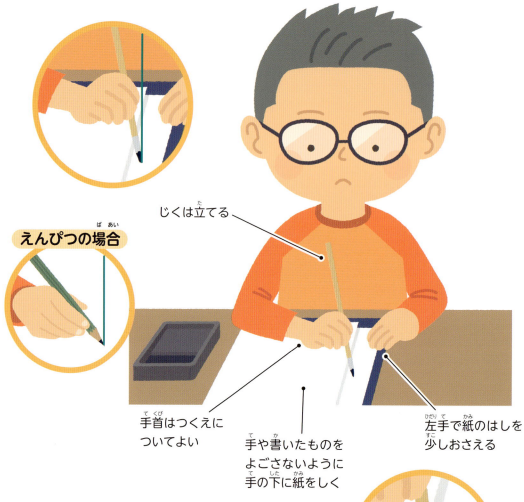

じくは立てる

えんぴつの場合

手首はつくえについてよい

手や書いたものをよごさないように手の下に紙をしく

左手で紙のはしを少しおさえる

墨は、ほぐした部分（14ページ）だけにつける

　小筆は大筆（太筆）にくらべて細く、こまかい動きをするので、えんぴつを持つように、つくえにうでをついてかまいません。ただし、えんぴつよりじくを立てて書きます。

✏ 名前を書く場所

名前は、半紙の左はしに書くことになっています。あらかじめスペースをとっておくのではなく、文字を書いて、あいたスペースに入るように書きます。

上から1文字分くらい下げたところから書きはじめる

名前はまん中より少し上から書く

下に空間ができるようにまとめる

まん中がまっすぐにそろうように

三年　文字太郎

学年と名前のあいだは1文字分あける

名前はくっつけず、同じくらいあける

名前を書くために文字を右によせて書いたりはしませんが、最後に名前を書くんだということを意識しておくのは大切ですよ

書道の作品では、名前の下に印かんのようなものがおされています。これは「落款印」といい、作品が完成したというしるしになります。自分の名前や、雅号（ペンネームのようなもの）がデザインされています。名前と落款印を合わせて「落款」といい、落款をふくめてひとつの「作品」として評価されるほど、名前は重要なものなのです。

落款

落款印

©Taiga Uehira

29

漢字の形を知ろう

 漢字の形にはパターンがある

原稿用紙は全部同じ大きさの四角がならんでいますが、実際に文字を書いてみると、たて長だったり横長だったり、大きかったり小さかったり、いろいろな形をしています。

こうした文字の形を「外形（概形）」といい、代表的なものが下の形になります。バランスのよい文字を書くためには、「外形」を意識することが大切です。

四角	横長の四角	たて長の四角	丸
田	四	目	赤
そのほかには	そのほかには	そのほかには	そのほかには
国、図、円 など	工、皿、西 など	月、日、員 など	安、海、父 など

三角	逆三角	ひし形	台形
土	下	寺	友
そのほかには	そのほかには	そのほかには	そのほかには
大、上、火 など	市、丁、万 など	幸、子、冬 など	左、犬、正 など

「部品」のバランスをとる

「外形」は文字全体のバランスのとらえかたですが、漢字を「部分」でとらえ、その組み合わせかたでバランスをとる方法もあります。

画数が少ないほうをせまく書くことが多いですが、絶対ではありません。お手本をしっかりと見ましょう

右と左 「へん」と「つくり」に分かれる漢字の場合、右側と左側の配分に注目して書きましょう。

こんな分けかたもある

左がせまい／左右がほぼ同じ／右がせまい

かまえ

にょう

上と下 「かんむり」や「あし」など、上下に分かれる漢字の場合、上下のバランスをしっかり見ましょう。

上がせまい／上下がほぼ同じ／下がせまい

たれ
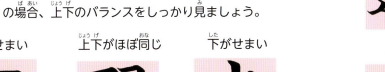

 ## 空間を意識すると字が整う

漢字の形を整えるときにもうひとつ大切なのが、空間のとりかたです。ひとつは、画と画のあいだ（画間）のそろえかたで、もうひとつは、部品と部品のあいだの空間のとりかたです。画のあいだはどのくらいあいているか、どこがせまくなっていて、どこに広い空間がとってあるかなど、お手本をよく見ましょう。

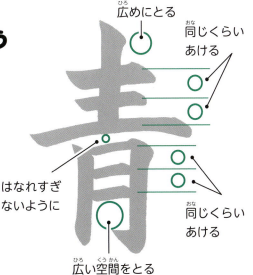

半紙の中でバランスをとる

 2文字の場合

いろいろな画の書きかたや漢字の形、空間のとりかたについて、わかってきたでしょうか？
最後は、半紙の中でのバランスのとりかたを見てみましょう

★書きはじめる前に、どのくらいの大きさで文字を書けばよいか、お手本をよく見てイメージする。

半紙に対して余白が大きくなりすぎないようにする

まん中に折り線を入れると書きやすいが、字の形によっては、まん中の線をはみ出すこともある

文字の外形がちがうので、それぞれの余白は同じでなくてよい

それぞれの文字の中心をとらえてそろえると全体のまとまりが出るんだね

月光

三年 文字 太郎

名前

中心をそろえる
（「そり」とのバランスをとるため「光」の上部分は左によっています）

32

✏️ 4文字の場合

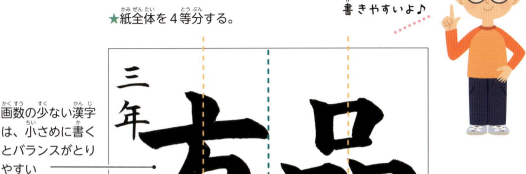

半紙を折って折り線をつけたり、線が入った下じきを使うと書きやすいよ♪

★紙全体を4等分する。

画数の少ない漢字は、小さめに書くとバランスがとりやすい

作品の文字にぶつからないように、名前を書き入れる

横の中心をそろえる

★名前を書くことを考えて少しだけ左をあけるように意識する。

たての中心をそろえる

（作品内の文字：三年 文字 太郎 / 品 方 行 正）

✏️ 八つ切りの場合は？

　書写で使うのは「半紙」だけでなく、書きぞめなどに使う、たてに長い「八つ切り」とよばれる紙もあります（→8ページ）。ふだん書いている半紙より大きいので、墨をたっぷりつけて、一文字一文字を大きくしつつ、余白もしっかりとるときれいにしあがります。

> 練習のときは半紙を折って線を入れてから書いてもいいですが、「作品」としてしあげるときには折らないようにしましょう。また、線が引いてある下じきを使っていると、それぞれの字の形に合わせて自由に書きづらくなるので、なれてきたらあまり使わないようにしましょう。

お手本をよく見よう

 ## お手本はなぜあるのか

書写とは、文字を正しく、読みやすく、速く書くための技術や知識を学ぶものです。そのためにはどういう字を書けばよいかを示しているのが「お手本」です。書写がうまくなるためには、お手本をきちんと見ることがきほんになります。

タブレットの中にもいろいろな種類の文字（フォント）があるけれど、書写のお手本は、書写用に書かれた文字がいいんだって

 ## お手本のどこを見るか

お手本のような字を書くためには、字のどこを見ればいいか、いくつかポイントがあります。

［3本の向きと長さ］

❶ ほ先がどこを向いているか

きほんは左ななめ上ですが、変わる場合もあります。ほ先の向きがわかれば、どのように筆を動かせばいいかがわかります。

❷ 画の向き・ふくらみかた

たとえば「形」の3本のはらいや「点」の4つの点など、同じように見えて、少しずつちがいます。また、同じ横画でも、まっすぐだけでなく、少し上にふくらんでいたり、下にふくらんでいたりします。

❸ 画の長さ

同じ向きの画がならぶとき、長さは全部同じではありません。どれが一番短くて、どれが一番長いか、よく見ましょう。

❹ 接しているか、はなれているか

画同士がまじわる場合、くっついているのか、つき出しているのか、少しあいているのか、しっかり確認しましょう。

✏️ お手本を見すぎない

最初のうちは、一画、一点がどんな長さで、どんな向きで、どんな形をしているか、こまかく見て、そのとおり書くようにします。文字の形がだいたいとれるようになってきたら、今度は、今、自分が書いている文字をよく見るようにしましょう。お手本と見くらべて書こうとしすぎると、筆の勢いがなくなり、全体としてのしあがりがよくなりません。

一画一画をよく見るのは大事ですが、文字は全体としてバランスがとれていることが大切なので、自分が書いている字をちゃんと見ましょう

✏️ 余白も見る

お手本を見るとき、線だけでなく、何も書いてない白い場所、つまり「余白」を見ることも大切です。余白がきちんととれると、文字の形が整います。また、紙全体の中で、あるいはほかの文字に対して、どのくらい余白があるかなどもよく見てから書くと、作品全体としてのバランスも整います。

✏️ いろいろなお手本を見よう

楽しく書写をするためには、自分が好きだと感じる文字をお手本にするのも大切なことです。同じ文字でも、人によって書きかたがことなります。書が展示されている場所に行ってみたり、本にまとめられたものを見たりするのもいいでしょう。

35

作品を書いてみよう

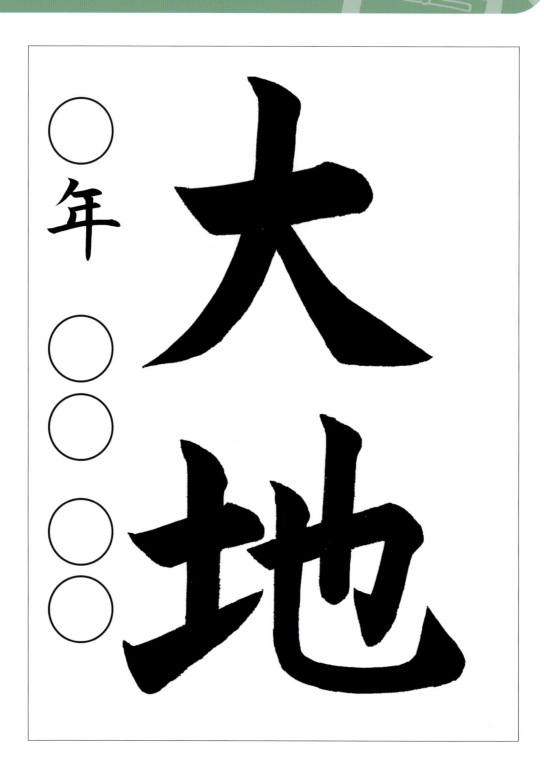

✏️ 書くときのポイント

一画一画、ゆっくりと、ていねいに！

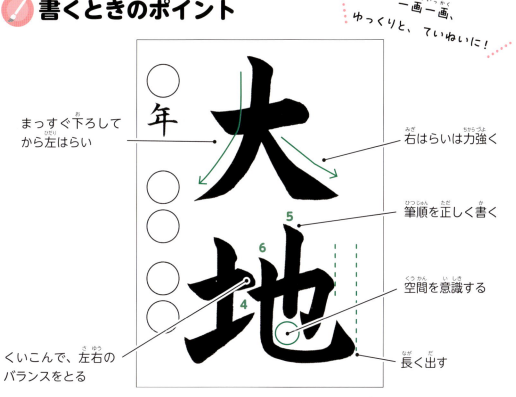

- まっすぐ下ろしてから左はらい
- 右はらいは力強く
- 筆順を正しく書く
- 空間を意識する
- くいこんで、左右のバランスをとる
- 長く出す

画数が少なく、ほぼ左右が同じ形の「大」に対して、右側が重たい「地」は、最後の画でゆったりした空間をとって「大」とのバランスをとります。1文字ずつだけでなく、2文字合わせてのバランスを見ることが大切です

✏️ こんなときはどうしたらいい？

◆いつ、墨をつけたらいい？

最初にしっかりと墨をふくませて、一文字を書ききれたらベストですが、無理をしてかすれてしまうほうがよくありません。同じ横画が続くときなどは続けて書き、はらいなどで入りなおすタイミングで墨をつけるといいでしょう。

◆失敗したら、二度書きしていい？

右はらいがうまく三角にならなかったときなど、思わずぬり足して形を整えたくなりますが、見た目は整っても、上達にはつながらないのでオススメできません。練習して上手に書けるようになったほうが、書を書くことそのものを楽しむことにつながります。

▶ 動画で見てみよう！⑨
作品を書いてみよう

いろいろな書道の世界

書をきわめる

整った読みやすい字を書く技術を学ぶ「書写」に対し、書を芸術として追求するのが「書道」で、書を書く人を「書家」や「書道家」とよびます。美しい字を書くことだけでなく、文字がもつ世界観を表現したり、個性ある書を書いたりします。

©Taiga Uehira

◆書く過程も楽しませる「書道パフォーマンス」

大きな舞台や自然の中などで、作品を書き上げる過程も楽しませるのが「書道パフォーマンス」です。高校生がチームを組んで、音楽に合わせて、ダンスなども取り入れながら大きな紙に作品を書き上げ、書の美しさだけでなく、書くときのパフォーマンスも評価される「書道パフォーマンス甲子園」などの大会もあります。

こんな書きかたもあるんだ。かっこいい！

2008年から愛媛県四国中央市で開催され、今では100校以上が参加する「書道パフォーマンス甲子園（全国高等学校書道パフォーマンス選手権大会）」の様子

38

◆墨だけで絵を描く「水墨画」

墨に水をまぜ、濃淡やぼかしを使ってえがかれるのが「水墨画」です。中国で始まり、鎌倉時代（1185年ごろ～1333年）に「禅宗」という仏教とともに日本に伝わり、発展しました。独特の世界観があり、海外でも「Zen painting」とよばれ、人気です。

◆文字のデザインを楽しむ「書道アート」「デザイン書道」

©Taiga Uehira

文字と絵を組み合わせたり、文字を絵のようにデザインするのが、「書道アート」や「デザイン書道」と言われる世界です。時には色墨を使ってカラフルにしあげるなど、自由な表現が楽しめることから、趣味として楽しむ人がふえています。

©Taiga Uehira

◆身近にあふれるいろいろな「書」

筆文字は日常生活とは遠いものと思いがちですが、さがしてみると、お店の看板や食品のパッケージに使われていたりします。また、賞状の文字を書いたり、テレビ番組のタイトルや、時代劇の中で使われる手紙などを書く仕事の人もいます。筆文字を見つけたら、筆づかいなどをじっくり見てみましょう。書が身近なものに感じられるかもしれません。

◆監修者紹介　**上平泰雅**（うえひら たいが）（書道家）

1991年大阪市生まれ。関西学院大学商学部卒業。株式会社マンダムで勤めた後、2018年に書道家として独立。2023年には「書を世界と未来へ」「書を世界のエンターテイメントへ」を理念として掲げて、株式会社Calligraphia Japan（https://www.calligraphia.co.jp/）を創業。子ども、大人、外国人へと毛筆・硬筆の指導をするほか、毎日書道展、独立書展などの展覧会活動、個展開催、題字・ロゴ制作、国内外での書道パフォーマンス、メディア出演など幅広く活躍する。運営するYouTubeチャンネルは書道・美文字系でトップクラスの登録者数を誇る。

◆**企画・編集・執筆**
株式会社ワード（合力佐智子）

◆**装丁・本文デザイン・DTP**
株式会社ワード（佐藤紀久子）

◆**見本作成**
上平泰雅（p4、p15、p16-27、p29、p30-33、p34、p36-37）

◆**イラスト**
ヤス・タグチータ プレミアム

◆**撮影**
森川諒一（p6-8、p13）

◆**校正・校閲**
澤田 裕

　公式ホームページ
https://uehira-taiga.com/

　YouTube
https://www.youtube.com/channel/UCgW4SAn9hpHH0B3aVOmFaew

◆**作品提供**
上平泰雅（p29、p38 花・凜、p39 竜・○△□）

◆**写真提供**
書道パフォーマンス甲子園実行委員会（p38）、Adobe Stock、ColBase（https://colbase.nich.go.jp/）

◆**おもな参考文献**
『親子で学ぶ はじめての書道』石飛博光監修、NHK出版／『森大衛のなるほど書道入門 第1巻 やさしい漢字を堂々と書くコツ』森大衛著、汐文社／『「書道」の教科書 改訂版』横山豊蘭著、実業之日本社

表現力のきほんの「き」
書写はおもしろい

2025年2月17日　第1刷発行　NDC728

監　修	上平泰雅
発行者	中川　進
発行所	株式会社大月書店

〒113-0033 東京都文京区本郷2-27-16
電話（代表）03-3813-4651　FAX 03-3813-4656
振替00130-7-16387　https://www.otsukishoten.co.jp/

印刷	精興社
製本	ブロケード

Ⓒ Taiga Uehira, Otsuki Shoten Co., Ltd. 2025

本書の内容の一部あるいは全部を無断で複写複製（コピー）することは法律で認められた場合を除き、著作者および出版社の権利の侵害となりますので、その場合にはあらかじめ小社あて許諾を求めてください

ISBN978-4-272-40674-6　C8337　Printed in Japan

表現力のきほんの「き」

全3巻

リコーダーがうまくなる
監修 ● 富永和音

水彩画が楽しくなる
監修 ● 小原直子

書写はおもしろい
監修 ● 上平泰雅